BROWN BELT
KAKURO

Conceptis Puzzles

PUZZLE
WRIGHT
PRESS

New York

CONTENTS

Introduction
3

Puzzles
7

Answers
154

PUZZLE WRIGHT PRESS
New York

An Imprint of Sterling Publishing Co., Inc.
1166 Avenue of the Americas
New York, NY 10036

ISBN 978-1-4027-3935-4

Distributed in Canada by Sterling Publishing Co., Inc.
c/o Canadian Manda Group, 664 Annette Street
Toronto, Ontario, M6S 2C8, Canada
Distributed in the United Kingdom by GMC Distribution Services
Castle Place, 166 High Street, Lewes, East Sussex, BN7 1XU, England
Distributed in Australia by NewSouth Books
University of New South Wales, Sydney, NSW 2052, Australia

For information about custom editions, special sales, and premium and corporate purchases,
please contact Sterling Special Sales at 800-805-5489 or specialsales@sterlingpublishing.com.

Manufactured in Canada

Lot #:
23

sterlingpublishing.com
puzzlewright.com

INTRODUCTION

Kakuro puzzles are half sudoku, half crossword, and use a combination of logic and basic arithmetic. The rules are very simple:

Fill all the empty squares using the numbers 1 to 9 so that the sum of each horizontal set of digits equals the number in the black triangle to its left, and the sum of each vertical set of digits equals the number in the black triangle above it. No number may be used in the same sum more than once. (A number can be repeated in the same row or column if the numbers are separated by a black square.)

Let's try solving a sample kakuro puzzle to see how it works.

Step 1

Look at the sum of 22 in row 1. There are only two ways that three digits can total 22 without repeating a digit: 5 + 8 + 9 and 6 + 7 + 9. However, square A1 must be smaller than 6 because of the sum that adds up to 6 in column A. Therefore the only number possible in A1 is 5 (and 1 can be placed in A2 to complete that sum).

Step 2

From step 1 we know that B1 and C1 must contain 8 and 9, though we don't yet know in which order. Let's look at the sum that adds up to 11 in column C. If the 9 is in square C1, then C2 and C3 must both contain 1, which is not allowed. This means that C1 must be 8 and B1 must be 9.

3

Step 3

In column C, we are now left with two empty squares that must add up to 3. The only combination of numbers for that sum is 1 + 2, but, again, we don't know what order they go in. However, square A2 already contains 1, so the number in C2 must be 2. Completing column C and row 2 is now straightforward.

Step 4

Let's look at the sum of 16 in column F. This is called a "unique sum" because there is only one five-number combination that adds up to 16: 1 + 2 + 3 + 4 + 6. (A list of all unique sums appears on the last page of the book; you can tear out the page for easy reference.) Since the sum is unique, we know all the numbers in it, but we don't know in which order they appear. Now let's examine the sum of 15 in row 3. There are only two combinations possible: 6 + 9 and 7 + 8. Since square F3 is the crossing point, it must contain 6, which is the only common number for both sums. This leads to placing a 9 in G3.

Step 5

For the sum of 13 in row 1, the only possible combinations are 4 + 9, 5 + 8, and 6 + 7. However, this sum crosses the partially filled-in sum in column F, which is still missing 1, 2, 3, and 4. The only common number for F1 is 4. We can now place 9 in E1 and 3 in E2.

4

Step 6

The sum of 8 in row 2 still has two empty squares that add up to 5. There are two possible combinations: 1 + 4 and 2 + 3. The 2 + 3 combination is not allowed because this sum already contains 3, and square F2 can't have a 4 in it because the vertical sum in that column already contains 4. This means that F2 must be 1 and G2 must be 4.

	A	B	C	D	E	F	G
1	22	5	9	8	9	4	21
2	10	1	7	2	3	1	4
3			1			6	9
4				12			
5				27			

Step 7

The sum in column F is now missing only 2 and 3. Let's take a close look at the sum of 27 in row 5. If square F5 contained 2, then the remaining three squares would add up to 25. But this is not possible, because the largest possible sum of three digits is 7 + 8 + 9 = 24. Therefore F5 is 3 and F4 is 2.

	A	B	C	D	E	F	G
1	22	5	9	8	9	4	21
2	10	1	7	2	3	1	4
3			1			6	9
4				12		2	
5				27		3	

Step 8

We can now use a special solving technique in the right-hand side of the puzzle. If we add up the totals of all the sums in columns D, E, F, and G we get 22 + 12 + 13 + 16 + 21 = 84. When we add up the horizontal sums in the same area, excluding square D3, we get 13 +

8 + 15 + 12 + 27 = 75. This means that D3 is responsible for the difference between the vertical and horizontal totals, and therefore that square must be 84 − 75 = 9. A 3 can now be placed in B3 to complete the sum of 13 in that row.

	A	B	C	D	E	F	G
1	22	5	9	8	9	4	21
2	10	1	7	2	3	1	4
3		3	1	9		6	9
4				12		2	
5				27		3	

Step 9

Let's go back to the sum of 27 in row 5, which has three empty squares that add up to 24. These three empty squares now form their own unique sum; the only possible combination is 7 + 8 + 9, in some order. However, the 9 can't be in D5 or G5 because both of the vertical sums crossing those squares already contain the digit 9, so the only place left for the 9 is E5. We can now also place 4 in E4 by simple calculation.

	A	B	C	D	E	F	G
1	5	9	8		9	4	
2	1	7	2		3	1	4
3		3	1	9		6	9
4					4	2	
5					9	3	

Step 10

The sum of 12 in row 4 has two empty squares that add up to 6. The possible combinations are 2 + 4 and 1 + 5, but obviously only the 1 + 5 is legal. We now need to determine which square is 1 and which is 5. If we place 1 in D4, then D5 would have to be larger than 9. Therefore D4 must be 5 and G4 must be 1, and we can now complete columns D and G with 8 in D5 and 7 in G5.

	A	B	C	D	E	F	G
1	5	9	8		9	4	
2	1	7	2		3	1	4
3		3	1	9		6	9
4				5	4	2	1
5				8	9	3	7

Step 11

Finally, let's examine the sum of 33 in column B. There are two empty squares that add up to 14; the only possible combinations are 5 + 9 and 6 + 8. But 9 is already used in column B, so we're left with 6 + 8. If we choose 6 for square B5, then A5 would also have to be 6; therefore 8 is the digit in B5. Completing the remaining squares B4, A4, and A5 is now straightforward.

	A	B	C	D	E	F	G
1	5	9	8		9	4	
2	1	7	2		3	1	4
3		3	1	9		6	9
4	3	6		5	4	2	1
5	4	8		8	9	3	7

On the following pages are six warmup puzzles, followed by 144 full-size challenges. The puzzles get harder as you proceed through the book.

1

2

3

4

5

6

13

1 4

32

33

40

43

44

46

49

54

56

64

74

80

82

86

90

98

100

118

129

131

137

150

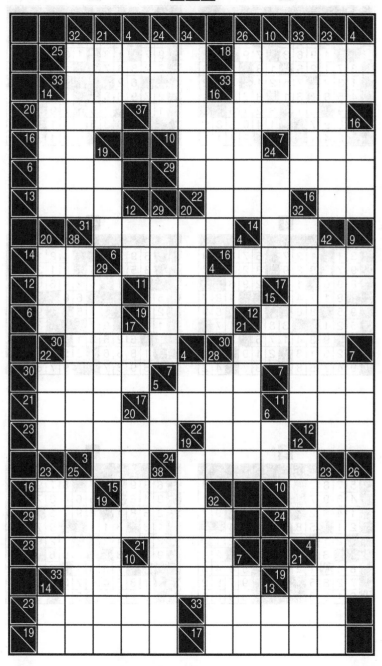

1

2	9	5	1			6	9	8	
1	5	3	4	2	7		8	7	9	5
		4	9	6	8		7	9		3	1
3	7	1	2	5		1	3		2	7	3
1	3	2		7	5	2	1		1	4	2
4	5	8		3	1		8	7	9	6	4
7	9		3	1		3	2	1	6
5	8	9	7		1	4	6	8	3	9
2	4	1			2	4	1	7

2

7	8		7	8	5		2	8	3
1	4		8	9	3	2	5	7	1
9	7		1	3		1	3		7	6
2	9	8	3	7		1	8	4	9	2
	6	2				3	1
2	7	9	6	8		1	6	2	8	3
1	9		7	9		7	9		6	1
	9	6	3	5	7	4	1		9	6
	5	2	1		9	2	4		7	2

3

3	1		1	2	7		5	7	8	3	9
9	7		8	3	9		3	2	5	1	7
8	9	6		1	8	7	2	9	6
	8	1	7	4	5	9		9	8	7
9	5		8	6		2	7		5	9
5	2	1		3	8	4	9	1	7
	9	3	4	1	7	5		3	9	4
7	2	5	1	3		2	1	9		3	1
9	4	7	6	8		1	3	7		4	2

4

	8	9	7	4			4	2	1	8
	3	5	2	1	4		2	1	3	5
	3	1		5	2	9	8	6
5	9	7			6	8			7	9
2	7	8		1	5			9	4	8
1	3		9	7			3	1	6
	6	2	5	3	1		9	7
1	8	3	6		3	5	4	1	2
6	9	8	7		9	7	8	5

5

5	7	8	9			1	9	2	3
4	3	9	7			2	7	4	1
1	4	6	2			9	4		9	7
2	1		5	8		1	2	3	4
	2	1		7	9	6	8		2	1
	3	2	9	1		1	6		2	1
8	4		1	2			5	1	4	3
7	2	8	5			9	7	8	2
2	1	5	3			8	9	6	5

6

6	8	9		9	7		8	7	9	5
3	4	6		2	5	6	4	3	7	1
2	6	8	1		8	9	7	5
1	3		3	1	4		9	7	6	8
8	9	1	4	2			7	2	9	4	1
9	7	4	8			8	9	6		7	9
	7	6	8	9		8	9	3	6
1	8	5	4	9	7	3		1	2	4
3	9	2	7		5	1		3	1	7

1 1

1 2

1 3

1 4

15 16

17 18

1 9

2 0

2 1

2 2

2 3　　　2 4

2 5　　　2 6

159

27

28

29

30

160

3 5

3 6

3 7

3 8

39

40

41

42

43

44

45

46

47

4	2	1	7		5	8		3	5	1	2
7	4	3	9		1	3		9	8	7	5
8	6			6	2		3	8			
6	3	9	4	7		3	1		9	3	8
2	1	5	3		9	7	6		8	2	1
		7	5	1	3	9	2		5	1	3
		9	3	8		4	3	7	5	9	
5	3	1	2	4	7		2	3			
9	6	8		5	7	9	8		6	8	9
7	4	1	2		2	3	1	6		1	7
	7	5	8	9		9	8	3	7		
1	8		3	2	1	4		9	2	5	8
7	9	8		8	9	7	5		1	2	9
		7	9		8	6	3	7	5	9	
4	9	6	8	5		5	2	1			
6	8	9		3	2	8	1	9	7		
2	7	4		8	6	9		5	3	1	2
1	5	3		9	7		4	8	9	3	5
			9	7		4	1			7	9
3	2	5	1		1	2		3	9	5	8
9	4	8	6		3	1		1	7	2	4

48

4	2	8	1	3	5		9	7		9	4
8	3	9	5	6	7		3	1		6	1
					9	1	6	5	7	4	2
6	2	1	4		3	2	8		9	8	6
8	9	3	6		8	4		9	8		
9	7		7	9	6		6	2	4	1	3
		3	9	8	1		8	4	5	7	9
8	6	1	5					7	6	9	8
6	3	2	1	4		3	1	2			
7	9	4	8	6		1	2	3		1	3
9	8	5		3	1	2	4		2	9	7
4	2		7	9	3		1	4	5	7	8
		6	9	8			8	7	4	6	9
8	1	4	5				3	1	2	5	
9	5	7	8	3		1	7	9	6		
4	3	2	6	1		8	9	6		1	3
		1	2		6	2		5	1	2	7
9	3	8		6	9	7		8	4	7	9
6	2	5	7	9	8	4					
3	1		9	8		3	5	1	4	7	2
8	5		1	3		6	7	5	9	8	3

49

2	1	3	5	6		2	8	1		9	7
4	2	1	9	8		7	9	6	4	8	5
9	4			9	1	5		2	1	7	3
8	3	9	6		7	8	4	9		4	2
		7	2	8	3	9	1		2	6	1
1	6		5	9	8		3	1			
2	4		1	7		2	9	1	4	8	3
6	9	8	4		2	1	7	4		9	7
3	8	5		9	5	4	8		4	1	2
5	7	6	9	8	1			4	8	3	1
		4	1	2		8	2	9			
1	6	7	3		2	9	1	5	4	7	
2	8	9		2	4	1	3		1	2	5
6	9		2	5	1	3		4	2	3	8
3	7	1	4	9	2		1	3		5	9
		3	1		1	2	9		1	3	
2	1	4		2	9	3	4	8	1		
9	4		9	5	8	7		5	2	4	1
7	3	9	8		7	2	9			9	7
6	2	8	7	9	5		3	7	1	5	2
8	6		2	5	1		7	9	5	8	6

50

7	3	1	2		9	1	8		2	1	5
8	6	3	9		8	2	7	6	5	3	9
4	2		1	3		7	9	8	3		
6	1	2	3	4	7		6	2	1	5	9
9	8	6		6	9	8		7	4	9	8
		8	9	7		1	3			1	6
9	7		2	1		6	5	3	1	8	7
3	1	6	7	5	9		8	5	9		
8	6	9		2	7		7	2	3	4	1
		2	8	6		1	9	4		1	3
1	3	5	4		1	9		1	3	8	4
8	9		8	6	7		7	5	9		
2	4	3	5	1		1	2		1	5	2
		9	7	4		3	1	4	2	7	5
7	3	5	9	2	4		3	1		3	1
9	7			3	1		6	2	1		
3	1	5	2		2	1	4		8	9	7
8	2	7	6	4		3	8	1	2	7	5
		1	3	2	9		9	7		1	3
2	9	6	5	3	8	7		6	3	8	9
1	7	3		1	6	9		3	1	5	2

165

5 1

5 2

5 3

5 4

5 5

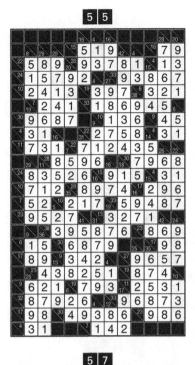

5 6

5 7

5 8

59 60 61 62

63

64

65

66

6 7

6 8

6 9

7 0

7 5

```
 5 9 8     2 7   6 2
 1 4 2     6 9 3 8 4
 2 7 9 5 3   5 9 3 6 8
   7 3 1   9 7   1 8 9
     8 7 9 6 2   6 9 7
   4 9 1 2 6   1 3   1 5
 8 5 7 9   5 1   1 3 5
 9 2 8   7 3 9 5 8
 2 1 5 3 7   6 4 7 1
     8 9   1 8 2 6 3
   3 1   8 3   9 7
   5 2 1 3 6   1 6
   7 9 5 8   5 9 6 8 2
     8 4 1 3 2   9 7 4
   1 3 2   1 5   2 4 5 1
 9 7   3 9   6 5 7 8 9
 1 2 3   6 9 1 2 4
 8 3 9   2 7   3 1 2
 6 4 8 9 7   1 6 4 2 7
     7 8 5 6 9   6 8 9
     1 2   1 4   1 3 6
```

7 6

```
 1 7 2 4   1 6   8 9 2 7
 3 9 8 1   7 8 1 6 5 4 9
   1 3 6   9 2 5 3 1
   9 5 8 1   5 9 7 8 2
       9 8 5       9 7
 5 8 3 7   6 2 9 8 5 7 4
 4 9 1 5 3   3 7 4 2 5 1
 2 1   8 4 3 1   3 1
 1 7 4   2 1   9 7 3 4 8
 3 6 2 4 1   4 1 2   1 3
   1 3   7 8   1 4
 1 3   6 8 9   4 9 7 2 6
 5 1 6 2 4   1 7   9 4 8
   3 1   2 3 9 7   5 9
 3 6 2 5 4 1   8 6 9 3 7
 4 8 5 7 9 3 6   3 4 1 5
 8 9       4 8 9
 1 5 8 2 9   2 6 1 7
   2 3 1 4 9   8 3 9
 9 4 5 3 7 6 8   2 5 7 1
 8 7 9 5   7 9   6 8 9 3
```

7 7

```
 9 5 7 8     8 7 9 6 4 5
 3 2 5 1   9 4 5 8 7 6 3
     9 5 1 7 6 8   9 8 2
       9 7   7 9 8   7 1
   3 1   2 8 9   3 1 5
 1 9 8 4   6 5 8 7 3 9
 4 7 6 5 8 9   6 1
     7 8 9   3 7 4 6 2 1
 3 1   2 5   1 5   9 8 6
 8 5 9 6 7   9 5 8 7 3
     2 1     3 1 2
 1 7 5 3 9   1 2 7 4 3
 2 4 1   3 1   7 9   2 1
 7 9 3 8 2 5   2 4 1
     3 1   2 4 3 7 9 1
   3 2 5 4 6 1   7 9 8 2
   8 6 9   7 4 9   2 6
 4 9   7 1 3   1 5
 1 5 8   4 9 2 5 7 1
 3 4 6 2 7 5 1   9 2 7 1
 2 6 9 1 5 8   8 6 9 3
```

7 8

```
 5 2 4 1   9 6 7 8   9 7
 9 8 7 3   7 1 4 5 2 6 3
 2 1 3   2 5   6 9 1 8 5
   6 1 7 8   9 7 4
   8 7 9         3 1
   5 2 3 1   9 6 8 7 3
 6 8 9   5 6 8 3 2 4 1
 1 5   2 1   9 1 3 7
 2 4 1 9   9 7 8 1 6 4
 4 6 3 8 9 7       9 6 8
 7 9   1 3   1 7   7 9
 3 7 5     6 8 9 7 3 5
   1 4 2 5 3 9   8 9 5 7
     8 7 9 5   1 2   1 3
   8 9 6 4 1 3 5   6 2 1
 8 9 6 5 7   1 4 8 7
 1 3     5   2 1 3
   3 2 1   8 6 4 9
 2 8 9 1 6   1 3   8 6 9
 1 6 5 3 4 2 7   9 4 1 2
 7 9   7 8 5 9   7 2 3 1
```

172

79 **80**

81 **82**

173

8 3

8 4

8 5

8 6

9 5 **9 6**

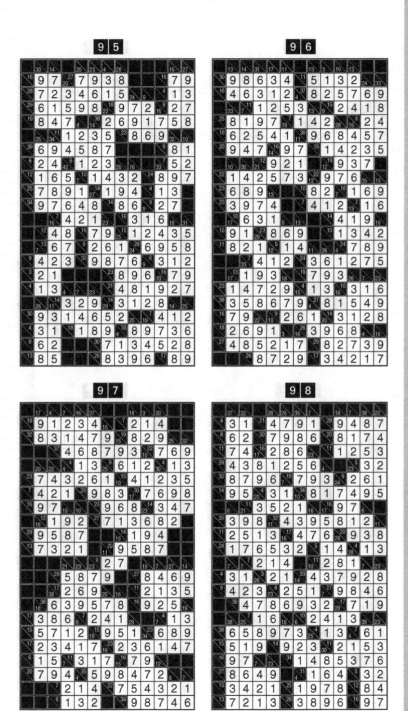

9 7 **9 8**

99

100

101

102

1 0 3

1 0 4

1 0 5

1 0 6

1 0 7

1 0 8

1 0 9

1 1 0

181

1 1 5

1 1 6

1 1 7

1 1 8

119 120 121 122

185

186

139

140

141

142

1 4 3

1 4 4

1 4 5

1 4 6

UNIQUE SUMS

The secret to solving kakuro puzzles is learning how to use unique sums—those special situations where only a single combination of numbers can fit into a sum of a given length. Whenever kakuro solvers spot a unique sum, they immediately know which numbers are going to be used in that sum; all they have to worry about is the order. The table below shows all the possible unique sums that can occur in a kakuro puzzle.

Sum	Squares	Combination
3	2	1 + 2
4	2	1 + 3
16	2	7 + 9
17	2	8 + 9
6	3	1 + 2 + 3
7	3	1 + 2 + 4
23	3	6 + 8 + 9
24	3	7 + 8 + 9
10	4	1 + 2 + 3 + 4
11	4	1 + 2 + 3 + 5
29	4	5 + 7 + 8 + 9
30	4	6 + 7 + 8 + 9
15	5	1 + 2 + 3 + 4 + 5
16	5	1 + 2 + 3 + 4 + 6
34	5	4 + 6 + 7 + 8 + 9
35	5	5 + 6 + 7 + 8 + 9
21	6	1 + 2 + 3 + 4 + 5 + 6
22	6	1 + 2 + 3 + 4 + 5 + 7
38	6	3 + 5 + 6 + 7 + 8 + 9
39	6	4 + 5 + 6 + 7 + 8 + 9
28	7	1 + 2 + 3 + 4 + 5 + 6 + 7
29	7	1 + 2 + 3 + 4 + 5 + 6 + 8
41	7	2 + 4 + 5 + 6 + 7 + 8 + 9
42	7	3 + 4 + 5 + 6 + 7 + 8 + 9
36	8	1 + 2 + 3 + 4 + 5 + 6 + 7 + 8
37	8	1 + 2 + 3 + 4 + 5 + 6 + 7 + 9
38	8	1 + 2 + 3 + 4 + 5 + 6 + 8 + 9
39	8	1 + 2 + 3 + 4 + 5 + 7 + 8 + 9
40	8	1 + 2 + 3 + 4 + 6 + 7 + 8 + 9
41	8	1 + 2 + 3 + 5 + 6 + 7 + 8 + 9
42	8	1 + 2 + 4 + 5 + 6 + 7 + 8 + 9
43	8	1 + 3 + 4 + 5 + 6 + 7 + 8 + 9
44	8	2 + 3 + 4 + 5 + 6 + 7 + 8 + 9
45	9	1 + 2 + 3 + 4 + 5 + 6 + 7 + 8 + 9